GRESER & LENZ

Deutschland, gib acht!

GRESER & Lenz

Deutschland, gib acht!

Die Chronik des Jahres 2020

Texte von Jasper von Altenbockum

Frankfurter Allgemeine Buch

Bibliografische Information der Deutschen Nationalbibliothek
Die Deutsche Nationalbibliothek verzeichnet diese Publikation in der Deutschen Nationalbibliografie; detaillierte bibliografische Daten sind im Internet über http://dnb.d-nb.de abrufbar.

Frankfurter Allgemeine Buch

Frankfurter Allgemeine Buch, Frankenallee 71–81,
60327 Frankfurt am Main

Umschlag und Satz: Jan Hofmann
Texte: Jasper von Altenbockum
Druck: CPI books GmbH, Leck
Printed in Germany

1. Auflage, Frankfurt am Main 2020
ISBN 978-3-96251-083-1

Lachen ist gesund

Humor ist, wenn man trotzdem lacht. Das meinte Otto Julius Bierbaum schon 1909. Da wusste er noch nichts von den Katastrophen, die der Menschheit in den nächsten 111 Jahren blühen sollten. Wie hätte er das auch ahnen können? Selbst noch vor einem Jahrzehnt wäre man doch zu einem Nostradamus 2.0 erklärt worden, wenn man vorhergesagt hätte, der Kreml verhelfe einem narzisstischen New Yorker Immobilienspekulanten mit einem zweifelhaften Verhältnis zur Wahrheit dazu, Präsident der Vereinigten Staaten von Amerika zu werden. Auch wer nach Verarbeitung dieses Schocks meinte, der größte amerikanische Präsident aller Zeiten stelle die größte Prüfung für den Humor selbst hartgesottener Humoristen dar, lag falsch, schon wieder.

Ein mikroskopisch kleiner Erreger aus China änderte unser aller Leben so dramatisch, dass selbst von Natur aus fröhlichen Menschen wiederholt das Lachen über den „Clown“ Trump (wie „Sleepy“ Joe Biden ihn nannte) im Halse stecken blieb. Zum Glück gibt es aber in Aschaffenburg zwei Spezialisten, die sich aufs Lachenlösen verstehen. Sie mussten in den vergangenen Monaten Überstunden leisten, wie dieser Sammelband – schon der sechzehnte – zeigt.

Bis Ende Januar hatten unsere Zeichner Achim Greser und Heribert Lenz nur mit dem ganz normalen Wahnsinn zu tun. Und den üblichen Verdächtigen, die uns in ihn zu treiben suchen, also dem IS, der CIA, der AfD, der SPD, der CDU und so weiter. Dann aber tauchte die Seuche aus China auf, und fortan gab es kaum noch ein anderes Thema, auch für unsere Witze-Fabrikanten nicht. Gut, der Zölibat taugt immer als Nebenwitzschauplatz, denn für den gilt ja die Ewigkeitsklausel. Für Abwechslung sorgte auch der Kreml, selbst wenn man beim Thema Nowitschok schon ziemlich schlucken musste. Doch den ersten Platz in der Witze-Statistik ließ das Virus nicht mehr aus seiner eisernen Klaue. Und Sars-CoV-2 versteht ja überhaupt keinen Spaß. Einmal fehlten den Zeichnern deswegen sogar die Worte: beim Witz mit der Pizza Intensivstationi. Das kommt wirklich nur äußerst selten vor.

Doch dann erinnerten sich unsere beiden Unterfranken wohl an den legendären Satz eines früheren FDP-Vorsitzenden und sagten zum Virus: Du kaufst uns den Schneid nicht ab! Das ist auch die einzig richtige Haltung in diesen schweren Zeiten. Im Kampf gegen Corona braucht man im Sinne des Wortes einen langen Atem. Der hilft aber auch in anderen Lebenslagen, etwa beim Bauen eines Flughafens für Berlin oder beim endgültigen Verhindern eines Endlagers in Gorleben. Beides irgendwie ein ziemlicher Witz. Da aber immerhin für den Airport nicht im ganzen Bundesgebiet nach einem neuen Standort gesucht werden musste, knallten auch in Brandenburg die Sektkorken.

Apropos Alkohol: Wer die Geschichte vom Brandner Kasper kennt, weiß, dass es nicht schadet, eine Flasche Kirschgeist im Schrank zu haben, nur für den Fall, dass einmal unerwartet der Gevatter Tod anklopft. Ausgesprochen hilfreich kann dann auch ein Ass im Ärmel sein. Ob aber auch der aus China zugewanderte Sensenmann gerne schnapselt und kartelt? Ihn hält man am sichersten fern durch einen Mindestabstand zu den Lebenden. Dann muss man, der Pietät und der Aerosole halber, zum Lachen auch nicht in den Keller gehen. Wir bleiben nämlich dabei: Lachen ist gesund! Gerade dann, wenn die ganze Welt krank ist.

Berthold Kohler
HERAUSGEBER DER FRANKFURTER ALLGEMEINEN ZEITUNG

Amerikanische Truppen ziehen sich Anfang Oktober 2019 aus den Kriegsgebieten in Nordsyrien zurück. Daraufhin marschieren am 9. Oktober 2019 türkische Truppen ein und besetzen eine „Sicherheitszone" entlang der türkisch-syrischen Grenze. Die „Operation Friedensquelle", so die türkische Regierung, diene der Selbstverteidigung gegen kurdische Kämpfer.

Friedensmacht Deutschland

Die Katholische Kirche debattiert über den Zölibat, nachdem die Amazonas-Synode im Oktober 2019 beschlossen hat, in Ausnahmefällen auch verheiratete Männer zu Priestern zu weihen.

Benedikt vs. Franziskus: Die katholische Welt ist verunsichert

Die Schiedsrichter in Berlin bestreiken am Wochenende des 26. und 27. Oktober 2019 alle Amateurfußballspiele. Ungefähr 1500 Spiele fallen aus. Die Schiedsrichter in Köln machen es ihnen an zwei Wochenenden im November nach. Sie protestieren damit gegen eine Welle der Gewalt auf Fußballplätzen, die sich gegen die Unparteiischen richtet.

Gewalt gegen Schiedsrichter: der DFB handelt

Bei der Landtagswahl in Thüringen am 27. Oktober 2019 wird die rechtsradikale Landes-AfD unter Björn Höcke hinter der Linkspartei zweitstärkste Partei. Sie steigert sich von 10,6 auf 23,4 Prozent der Stimmen.

Die Wahl in Thüringen, auch in Gebärdensprache

Nach der Thüringen-Wahl, bei der die CDU nur drittstärkste Kraft wurde, wächst die Kritik an der CDU-Vorsitzenden Annegret Kramp-Karrenbauer und an Bundeskanzlerin Angela Merkel. Friedrich Merz bezeichnet die Arbeit der Koalition als „grottenschlecht". Roland Koch kritisiert die „Argumentationsenthaltung" Merkels. In Anspielung auf den „Andenpakt", dem beide ehemaligen Politiker angehörten, stichelt Jens Spahn, der Bundesgesundheitsminister, dem Ambitionen auf die Nachfolge Merkels nachgesagt werden: Er könne verstehen, dass sich eine „Reisegruppe" gegenseitig unterstütze.

Trotz CDU-Krise: Merkel macht Ausflug in den Berliner Zoo

Am frühen Morgen des 25. November 2019 zerstören Einbrecher im Grünen Gewölbe des Residenzschlosses in Dresden mit einer Axt eine Vitrine und rauben drei Juwelengarnituren aus der Zeit August des Starken. Die rund 95 Einzelstücke sind von unschätzbarem Wert.

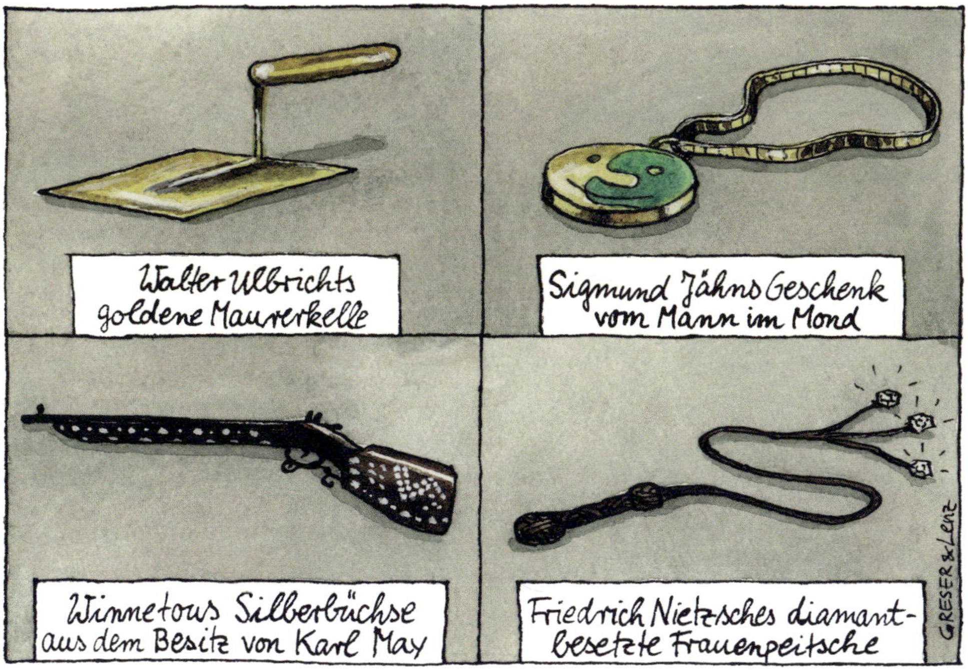

Sächsische Kulturschätze, die die dummen Einbrecher übersahen

Auf ihrem Parteitag vom 6. bis zum 8. Dezember 2019 in Berlin wählt die SPD eine neue Führung. Saskia Esken und Norbert Walter-Borjans werden neue Vorsitzende, nachdem sie sich in einer Urwahl der Mitglieder durchgesetzt hatten. Im Hintergrund zieht der Juso-Vorsitzende Kevin Kühnert, der sich für die beiden stark gemacht hatte, die Strippen. Auf dem Parteitag wird er zu einem der stellvertretenden Vorsitzenden gewählt. Wenig später kündigt er an, für den Bundestag zu kandidieren und sein Amt als Juso-Chef aufzugeben.

In die neue Zeit

Am 13. Dezember 2019 stellt Bundesjustizministerin Christine Lambrecht (SPD) ihren Vorschlag für ein verschärftes Vorgehen gegen Hass und Hetze im Internet vor. Es handelt sich um die Novellierung des „Netzwerkdurchsetzungsgesetzes“ von 2017. Das Bundeskabinett beschließt den Entwurf am 1. April 2020, am 19. Juni 2020 stimmt der Bundestag zu.

Gelingt der Kampf gegen Hass und Hetze?

Am 14. Dezember 2019 tritt eine Verordnung der EU in Kraft, die Kontrollen über den Einsatz von Pflanzenschutzmitteln vorsieht. In Deutschland finden die Kontrollen ohne Ankündigung statt.

Erstickt Deutschland an der Bürokratie?

Wie in Bayern soll auch in Baden-Württemberg ein Volksbegehren „Rettet die Bienen“ die Artenvielfalt unterstützen. Am 19. Dezember 2019 stoppt die Landesregierung die Initiative, indem sie einen eigenen Gesetzentwurf ankündigt.

Wie weit geht der gesellschaftliche Auftrag des Fußballs?

Kurz vor Weihnachten teilt die klimapolitisch engagierte Jugendbewegung „Fridays For Future“ am 23. Dezember 2019 über Twitter mit: „Warum reden die Großeltern eigentlich immer noch jedes Jahr rein? Die sind doch eh bald nicht mehr dabei.“

Rentner for Future: Die etwas andere Meinung

Ende 2019 und Anfang 2020 kehren zahlreiche deutsche Islamisten, die sich den IS-Kämpfern in den Kriegsgebieten von Syrien und dem Irak angeschlossen haben, nach Deutschland zurück. Im Februar 2020 teilt der Berliner Innensenat mit, allein nach Berlin seien bisher 65 Kämpfer gekommen. Insgesamt sollen 1050 Islamisten aus Deutschland in die Türkei, nach Syrien oder in den Irak gezogen sein.

Der erste IS-Rückkehrer ist da

Am 1. Januar 2020 tritt die „Belegausgabepflicht“ in Kraft. Sie soll im Kampf gegen Steuerbetrug helfen. Seither gibt es auch beim Bäcker einen Kassenbon für die Brötchen.

Klappt die neue Belegausgabepflicht?

Qassem Soleimani, der Kommandeur der iranischen Al-Kuds-Brigaden, einer in Syrien kämpfenden Sondereinheit der Revolutionsgarden, wird am 2. Januar 2020 von einer amerikanischen Drohne in der irakischen Hauptstadt Bagdad getötet. Iran erlässt ein halbes Jahr später Haftbefehl gegen den amerikanischen Präsidenten Donald Trump.

Nach Soleimani auch im Visier der CIA: Solei-Manni

Die Weltgesundheitsbehörde WHO teilt am 6. Januar 2020 mit, dass es 59 Fälle einer Lungenerkrankung „unbekannter Ursache“ in Wuhan in China gebe. Drei Tage später identifizieren chinesische Virologen den Erreger: ein neuartiges Corona-Virus. Wiederum zwei Tage später, am 11. Januar, meldet Wuhan den ersten Todesfall.

Stammtisch-Thema Nr. 1: Die Seuche in China

Der Bundestag lehnt am 16. Januar 2020 die „Widerspruchslösung“ ab, von der sich Bundesgesundheitsminister Jens Spahn (CDU) mehr Organspenden versprochen hatte: Grundsätzlich sollte jeder Bürger zur Organspende herangezogen werden, es sei denn, er widerspricht. Streitpunkt bleiben die Umstände, unter denen eine Organspende vorgenommen werden darf, nämlich nach dem Hirntod, aber noch vor dem Herztod.

Quo vadis, Organspende?

Gegen strengere Umweltschutzregeln
und zu niedrige Lebensmittelpreise
demonstrieren am 17. Januar 2020 zum
Auftakt der Grünen Woche in Berlin
Tausende Landwirte in ganz Deutschland.

Erfolg der Bauernproteste

Im Dezember 2019 beginnen die Proben für die Oberammergauer Passionsspiele, am 18. Januar 2020 die „Volksproben" für die Massenszenen. Später im Jahr wird klar: Die Passionsspiele müssen wegen der Corona-Pandemie verschoben werden.

Was geschieht mit den IS-Rückkehrern?

Die Wetterprognose fällt im Januar 2020 ernüchternd aus. Mit Schnee ist im Flachland Deutschlands in diesem Winter nicht mehr zu rechnen.

Ein Wintermärchen: Schneekanonen für alle!

Ludwig van Beethoven wurde 2020 vor 250 Jahren geboren. In Wuhan steigt die Zahl der Toten, die am Corona-Virus erkrankt waren, bis zum 22. Januar 2020 auf 17. Die Stadt wird abgeriegelt.

Der chinesische Staatschor feiert das Beethoven-Jahr

Vor der Grünen Woche in Berlin kritisiert Landwirtschaftsministerin Julia Klöckner (CDU) am 17. Januar 2020 zu niedrige Preise für Fleischprodukte: „Fleisch zu Tiefstpreisen, das rechnet sich weder für den Verbraucher noch für den Tierhalter", sagt sie im ZDF-Morgenmagazin.

Die Billigfleisch-Debatte erreicht das Schlaraffenland

Die Ökobilanz von Haustieren ist durchwachsen. Eine Schweizer Studie kommt zu dem Ergebnis: Ein Pferd belastet die Umwelt über das Jahr gerechnet wie eine 21 500 Kilometer lange Autofahrt, ein Hund liegt bei nur 3700 Kilometern, ein Kaninchen nur bei 700 Kilometern.

Next Generation

Seit Juni 2019 wüten in Australien Buschfeuer und Waldbrände. Anfang des Jahres 2020 sind Gebiete von der Größe Bayerns und Baden-Württembergs verbrannt. Erst im Februar 2020 sind die Brände erloschen.

Flüchtlingsdrama vor der australischen Küste.

Mit den Stimmen der AfD und der CDU wird der FDP-Politiker Thomas Kemmerich am 5. Februar 2020 im Landtag in Erfurt zum Ministerpräsidenten von Thüringen gewählt. Drei Tage später tritt er zurück.

Willkommen in Erfurt

Die konservative „Werteunion“ in der CDU verteidigt die Wahl Thomas Kemmerichs zum Ministerpräsidenten von Thüringen mit Hilfe der rechtsradikalen AfD: So habe ein Ministerpräsident der Linkspartei verhindert werden können. Der Arbeitnehmerflügel der CDU fordert daraufhin den Ausschluss der „Werteunion“ aus der CDU. Stattdessen kündigt die CDU-Vorsitzende Annegret Kramp-Karrenbauer am 10. Februar 2020 ihren Rücktritt an. Sie hatte vergeblich versucht, die Thüringer CDU davon zu überzeugen, dass es ein Fehler ist, eine Mehrheit mit Hilfe der AfD zu organisieren.

Nach der Werteunion meldet sich die Nonsensunion zu Wort

Am 12. Februar 2020 nimmt Papst Franziskus Stellung zum Beschluss der Amazonas-Synode, Ausnahmen vom Zölibat zuzulassen: Er sieht darin kein Vorbild für den Rest der Welt, lehnt ihn aber auch nicht ab. Wo Not am Mann herrsche, sollten Missionare entsandt werden, schreibt er in seiner Antwort mit dem Titel „Geliebtes Amazonien“.

Quo vadis, Zölibat?

Nach dem Rücktritt Annegret Kramp-Karrenbauers vom CDU-Vorsitz richten sich die Blicke wieder auf Friedrich Merz, der im Wettbewerb um den CDU-Vorsitz 2018 unterlegen war. In der Stadthalle von Verden kündigt er am 12. Februar 2020 vor tausend Zuhörern an, für den Bundestag zu kandidieren. Am 25. Februar gibt er bekannt, für den CDU-Vorsitz zu kandidieren. Seine Gegenkandidaten sind dieses Mal Armin Laschet und Norbert Röttgen.

Sturm aufs Kanzleramt

Gegen zwölf Männer wird am
16. Februar 2020 Haftbefehl erlassen
wegen des Verdachts der Bildung einer
rechtsextremistischen Terrorzelle.
Sie sollen Anschläge auf Politiker,
Asylbewerber und Muslime geplant haben,
um „bürgerkriegsähnliche Zustände“
hervorzurufen.

Was läuft eigentlich in der rechten Szene?

Am 15. Februar 2020 kommt es nach einer Karnevalssitzung in Gangelt bei Aachen zum ersten größeren Corona-Ausbruch in Deutschland. In Italien werden am 23. Februar 2020 zahlreiche Städte im Norden abgeriegelt. Am 27. Februar tagt der Krisenstab der Bundesregierung zum ersten Mal. In den folgenden Tagen werden Tausende Veranstaltungen in Deutschland abgesagt oder verschoben. Es kommt zu ersten Hamsterkäufen.

Deutschland bereitet sich auf eine Epidemie vor

Am 24. Februar 2020 prophezeit der amerikanische Präsident Donald Trump über das Corona-Virus: „Es wird verschwinden. Eines Tages, es ist wie ein Wunder, wird es verschwinden."

Höhepunkt der Session

Das Bundesliga-Spiel zwischen dem FC Bayern München und der TSG Hoffenheim wird am 29. Februar 2020 unterbrochen, weil Bayern-Fans beleidigende Spruchbänder gegen Hoffenheims Mäzen Dietmar Hopp gezeigt hatten. Anfeindungen gegen den Milliardär gibt es auch in anderen Stadien.

Der DFB reagiert auf die Fan-Ausschreitungen

Die Vereinigten Staaten von Amerika und Vertreter der afghanischen Taliban unterzeichnen am 29. Februar 2020 in Doha ein Friedensabkommen. Die Taliban kündigen später im Jahr an, die Wiederwahl Donald Trumps zum Präsidenten unterstützen zu wollen.

Trumps Megadeal: Taliban setzen den Friedensplan um

An der Grenze zwischen der Türkei und Griechenland spitzt sich die Lage am 1. März 2020 zu. Die Polizei setzt Wasserwerfer und Tränengas gegen Migranten ein, die mit Gewalt die Landgrenze überqueren wollen. Etwa 13 000 Menschen harren dort aus.

Frühjahrsputz in Deutschland

In einer Fernsehansprache wendet sich Bundeskanzlerin Angela Merkel (CDU) am 18. März 2020 an die Deutschen, um sie auf harte Maßnahmen gegen das Corona-Virus vorzubereiten. Um sich greifende Hamsterkäufe kritisiert sie als unsolidarisch. Etwa 160 000 gestrandete deutsche Urlauber werden vom Auswärtigen Amt durch eine Luftbrücke aus dem Ausland nach Hause geholt.

Deutschland-Trend Hamsterkäufe

Bund und Länder einigen sich am 22. März 2020 auf umfangreiche Ausgangsbeschränkungen und Kontaktverbote. Unter anderem bleiben die Theater und Opernhäuser geschlossen. Am 24. März gibt das IOC bekannt, dass die Olympischen Spiele in Tokio um ein Jahr verschoben werden.

Geisterveranstaltungen in Corona-Zeiten:
König Ödipus von Sophokles im Stadttheater

Italien gibt am 19. März 2020 bekannt, dass 3405 mit dem Covid-19-Erreger infizierte Menschen gestorben seien. Das sind mehr Tote als in jedem anderen Land der Welt.

Ohne Worte

Die Deutsche Fußball-Liga gibt am 31. März 2020 bekannt, dass die Spiele der ersten und zweiten Bundesliga bis zum 30. April ausgesetzt werden. Krankenhäuser und Arztpraxen klagen derweil über einen Mangel an Schutzausrüstungen gegen das Covid-19-Virus. Am 10. März 2020 trifft sich Bundesgesundheitsminister Jens Spahn mit Herstellern vom Medizinprodukten, um für mehr Nachschub zu sorgen.

Juhu, der Fußball-Spielbetrieb ist gesichert!

Kontaktbeschränkungen und die Schließung von Schulen und Kindergärten seit Mitte März 2020 führen dazu, dass Millionen Deutsche von Zuhause arbeiten, im „Homeoffice“.

Deutschland stellt um auf Homeoffice

Zu den Einschränkungen durch die Corona-Krise tragen zahlreiche Grenzschließungen bei. Polen und Dänemark riegeln schon am 13. März 2020 ihre Grenzen zu Deutschland ab. Am 15. März schließt Deutschland seine Grenzen zu Frankreich, Österreich und der Schweiz. Der Passagierflugverkehr ist zum Erliegen gekommen. Erst am 13. Juni werden Grenzkontrollen wieder aufgehoben.

Was meint Wutbürger Mielke zur Krise?

Etliche Berufsgruppen haben seit den Corona-Beschränkungen im März 2020 keine Arbeit mehr, vor allem die Selbständigen. Am 19. März 2020 beschließt das Bundeskabinett Hilfen für kleine Firmen und Solo-Selbständige. Am 23. März kündigt die Bundesregierung ein Konjunkturpaket für die gesamte Wirtschaft in Höhe von 156 Milliarden Euro an.

Sportreporter in Krisenzeiten: Heute: Lothar Matthäus

Die Europäer offenbaren ganz unterschiedliche Gewohnheiten bei Hamsterkäufen: In Frankreich und Italien werden im März und April 2020 Rotwein, Kondome und Pasta plötzlich zur Mangelware. In Deutschland ist das Klopapier ausverkauft.

Der neue ZDF-Quarantäne-Vierteiler „Die Schatzinsel"

Nicht nur in Deutschland wird im März und April 2020 das Toilettenpapier knapp. Auch in den Vereinigten Staaten und in Australien wird Klopapier gehortet. Forscher erklären sich das Phänomen damit, dass Klopapier angesichts einer hohen Ansteckungsgefahr zu einem Symbol der Sicherheit und Hygiene wird.

Corona-Live-Ticker

Als Verhaltensregel der Corona-Bekämpfung setzen sich zunächst nur zwei Punkte durch: Abstand halten und Hände waschen. Zum Abstand gehört auch, sich zur Begrüßung nicht mehr die Hände zu schütteln.

Die Rechtsanwaltskammer empfiehlt

Die Nationale Akademie der Wissenschaften Leopoldina empfiehlt am 13. April 2020 eine Maskenpflicht. Es dauert zwei Wochen, bis sie in ganz Deutschland eingeführt wird.

Kommt die Maskenpflicht?

Bundesarbeitsminister Hubertus Heil (SPD) kündigt am 26. April 2020 ein Gesetz für ein Recht auf Homeoffice an.

Vorbilder der Arbeitswelt in Corona-Zeiten.
Heute: Der Hacker

Auch die Friseure müssen Ende März 2020 ihre Läden schließen. Erst am 4. Mai 2020 dürfen sie wieder öffnen. Bevor geschnitten werden darf, müssen die Haare gewaschen werden. Der Brandenburger AfD-Vorsitzende Andreas Kalbitz, neben Björn Höcke einer der Führer des rechtsextremistischen „Flügels" in der AfD, soll aus der Partei ausgeschlossen werden.

Was macht eigentlich der Flügel von Höcke und Kalbitz?

Das erste Geisterspiel der 1. Bundesliga findet am 11. März 2020 zwischen Borussia Mönchengladbach und dem 1. FC Köln statt. Anfang April beschließt die Deutsche Fußball-Liga angesichts der Einnahmeausfälle, dass nicht mehr ein Abzug von neun, sondern nur von drei Punkten droht, wenn ein Verein Insolvenz anmelden muss.

Geisterspiele: Ging das jemals gut?

Weil Tausende Helfer aus dem Ausland wegen der Reisebeschränkungen während der Corona-Pandemie fehlen, ist die Spargelernte gefährdet. Da aber Erntehelfer „systemrelevant" sind, dürfen sie aus Rumänien und Bulgarien unter strengen Auflagen im April 2020 doch noch einreisen.

Clan-Kriminelle in die Spargelernte!

Die Kontaktverbote und Ausgangsbeschränkungen werden am 1. April 2020 bis zum 19. April verlängert.

Verlierer der Krise

Am 21. April 2020 geben der bayerische Ministerpräsident Markus Söder (CSU) und der Münchner Oberbürgermeister Dieter Reiter (SPD) in der Bayerischen Staatskanzlei bekannt, dass das Oktoberfest ausfällt.

Oktoberfest findet doch statt: als Livestream

Angeblich ist die Zahl der Arbeitnehmer, die in der Corona-Krise Zuhause arbeiten, von zwölf auf 25 Prozent aller Beschäftigten gestiegen.

Der Chef ist dran? Sag ihm, ich bin im Archiv zur Materialbestandsaufnahme
PILS
PILS
PILS
GRESER & lenz

Homeoffice

Eine Woche nach Ostern, am 20. April 2020, treten in vielen Bundesländern die ersten vorsichtigen Lockerungen der Corona-Beschränkungen in Kraft. Geschäfte dürfen wieder öffnen, teilweise dürfen auch die Schulen und Kindergärten wieder öffnen.

Große Einigkeit in der Corona-Strategie

Die Baumärkte sind die ersten Geschäfte, die im April 2020 wieder geöffnet werden dürfen. In manchen Bundesländern waren sie nie geschlossen.

Was treiben unsere Landsleute eigentlich in der Quarantäne?

Zu Ostern 2020 werden in vielen Bundesländern Gottesdienste untersagt, zum Teil mit Unterstützung der Kirchen. Später legt manche Landesregierung Wert auf die Feststellung, dass es nie ein ausdrückliches Verbot gegeben habe.

Auch an Ostern: Abstand halten!

Am 15. April 2020 erklärt das Bundesverfassungsgericht ein pauschales Versammlungsverbot auch in Pandemie-Zeiten für rechtswidrig. Bundeskanzlerin Angela Merkel (CDU) warnt am 20. April vor einer „Öffnungsdiskussionsorgie".

Der Albtraum der Kanzlerin

Schon Ende April 2020 häufen sich die Proteste gegen die Corona-Beschränkungen, die einen Ausstieg Deutschlands aus der „Corona-Panik“ fordern. Im Laufe des Jahres formieren sie sich in einer Bewegung namens „Querdenken“.

La Gomera in Sorge

Forscher des Leipziger Max-Planck-Instituts für evolutionäre Anthropologie finden heraus, dass Menschen, die eine bestimmte Genvariante der Neandertaler in sich tragen, schwerer an Covid-19 erkranken als andere.

Frühe Pandemie

Schon im November 2019 soll sich das gefährliche neue Corona-Virus in Wuhan in China verbreitet haben. Als Herd der Pandemie gilt ein Fischmarkt, auf dem auch Schuppentiere verkauft wurden, die in China als Delikatesse gelten. Die Schuppen werden zu Arznei verarbeitet. Die Tiere sollen als Zwischenwirt das Virus von Fledermäusen auf den Menschen übertragen haben. Tierschützer warnen vor der Theorie: Sie führe zur Vernichtung der ohnehin vom Aussterben bedrohten Art.

Risikogruppe Jägerschaft

Da sie als Überträger des Corona-Virus gelten, streicht China die Schuppen der Schuppentiere im Juni 2020 von der Liste der traditionellen Medizin.

Zwischen Albtraum und Wirklichkeit

Über die Öffnung von Geschäften, Restaurants und Kneipen gibt es lange Streit unter den Bundesländern. Vorreiter ist Nordrhein-Westfalen. Schon am 20. April 2020 dürfen dort kleine Geschäfte wieder öffnen. Bundeskanzlerin Angela Merkel warnt vor einer „Öffnungsdiskussionsorgie“. Am 18. Mai dürfen in mehreren Bundesländern die Gaststätten wieder öffnen.

Juhu, die Wiederauswilderung beginnt!

In Nordrhein-Westfalen finden am 1. Mai 2020 wieder Gottesdienste in Kirchen statt. Viele Gottesdienste werden in anderen Bundesländern im Freien abgehalten, um die Abstandsregeln einhalten zu können.

Seelsorge in Corona-Zeiten: Fluch oder Segen?

Die Tierwelt ist durch die Ausgangsbeschränkungen für Menschen in Bewegung geraten. In Spanien, wo besonders strenge Auflagen gelten, streifen Pfauen und Wölfe durch manche Innenstadt. An Karfreitag wird ein Biber in der menschenleeren Ulmer Innenstadt gesichtet. In Bayern kommt der Rückzug des Menschen dem besonders scheuen Bartgeier zugute. In Santiago de Chile sucht ein Puma die Wohngebiete heim. In Venedig gibt es wieder Fische in den Kanälen. Naturschützer machen sich aber auch Sorgen: Der Gänsegeier in Spanien hat Nahrungsprobleme, weil die Restaurants geschlossen sind. Es gibt keine Essensreste mehr.

Drinbleiben zum 1. Mai!

Die SPD-Fraktion im Bundestag nominiert die Abgeordnete Eva Högl am 5. Mai 2020 als neue Wehrbeauftragte. Das stößt auf Kritik, weil sie noch nie mit der Bundeswehr zu tun gehabt habe. Der Fraktionsvorsitzende Ralf Mützenich verteidigt die Entscheidung: Högl sei eine „exzellente Juristin“ und habe sich schon mit dem Soldatenrecht beschäftigt.

Herr Mützenich, Herr Mützenich ...

Am 7. Mai 2020 rufen hundert Ärzte, unter ihnen der besonders gefragte Virologe der Berliner Charité, Christian Drosten, dazu auf, stärker gegen Falschinformationen zur Corona-Pandemie vorzugehen.

Wenigstens die Tiere halten sich an die Ratschläge ihrer Experten.

Am 15. Mai 2020 wird der Spielbetrieb der Fußball-Bundesliga wieder aufgenommen – allerdings vor leeren Rängen. Es dürfen jetzt während einer Partie nicht mehr nur drei, sondern fünf Spieler ausgewechselt werden.

Gelingt der Restart der Bundesliga?

Während der Corona-Pandemie bilden sich allerlei Verschwörungstheorien. Eine davon lautet, der Microsoft-Gründer Bill Gates habe das Corona-Virus in Umlauf gebracht, um die Weltherrschaft an sich zu reißen. Eine andere lautet, dass es das Virus gar nicht gebe, sondern nur vorgetäuscht werde, um die Menschen zu unterdrücken.

Verschwörungstheoretiker privat

Schon im April 2020 finden die ersten „Hygienedemos" statt, die sich gegen die Corona-Maßnahmen richten. Teil der bunten Szene sind Fanatiker, die der Regierung vorwerfen, Teil einer weltweiten Verschwörung zu sein. Am 9. Mai 2020 ruft einer der Führer der Bewegung zu einer „Freiheitsdemo" vor dem Reichstagsgebäude auf.

Der Vorstand des Dachverbands der deutschen Verschwörungstheoretiker zum ersten Mal im Bild

Zu den Teilnehmern der Anti-Corona-Demonstrationen gehören auch Personen, die sogenannte Alu-Hüte tragen. Sie wollen sich damit gegen Strahlen schützen, die angeblich von der Regierung gesteuert werden, um ihre Gedanken zu manipulieren.

Meine Herren, bleiben sie wenigstens körperlich gesund
CORONA DIKTATUR
STOP
Merkel verstrahlt uns!
GREISER & LENZ

Gut gegeben

Markus Söder und Armin Laschet, die Ministerpräsidenten von Bayern und Nordrhein-Westfalen, liefern sich im April und Mai 2020 über Wochen einen Schlagabtausch für und wider Lockerungen der Corona-Beschränkungen. Söder geht es zu schnell damit, Laschet zu langsam. Im Mai flaut der Streit ab, je mehr sich die Lockerungen durchsetzen.

Wie weit dürfen die Lockerungen gehen?

Mitte Mai gibt es im Fleischbetrieb Tönnies in Rheda-Wiedenbrück eine Welle von Corona-Infektionen. Mehr als tausend Arbeitnehmer sind im Stammwerk der Fleischfabrikanten infiziert. Die Staatsanwaltschaft Bielefeld ermittelt daraufhin wegen fahrlässiger Körperverletzung und Verstoßes gegen das Infektionsschutzgesetz.

Tönnies' Albtraum

Nach dem gewaltsamen Tod des Afroamerikaners George Floyd in Minneapolis am 25. Mai 2020 kommt es in den Vereinigten Staaten zu Protesten und Ausschreitungen. Floyd wurde von einem Polizisten getötet. Die Bewegung „Black Lives Matter“, die sich gegen Polizeigewalt richtet, bekommt weltweit Zuspruch. Eines ihrer Erkennungszeichen ist das Niederknien bei besonderen Anlässen.

Setzt sich die Antirassismusgeste durch?

Am 3. Juni 2020 berichtet die Nachrichtenagentur AP, dass China im Januar schon wesentlich früher von der Gefährlichkeit des Corona-Virus wusste als zugegeben.

Hessen uffbasse!

Am 3. Juni 2020 beschließt der Koalitionsausschuss von CDU, CSU und SPD ein Konjunkturpaket in Höhe von 130 Milliarden Euro, um die Folgen des „Lockdowns“ zu lindern.

Wer profitiert vom Konjunkturpaket?

Am 16. Juni 2020 wird in Deutschland eine Corona-Warn-App eingeführt.

Liebe in Zeiten von Corona

In der Nacht vom 20. auf den 21. Juni 2020 randalieren Jugendliche in der Innenstadt von Stuttgart, nachdem die Polizei im Freien feiernde Partygäste auf Drogen hin kontrolliert hatte.

Wenn Schwaben plündern

Urlaubsorte an der französischen Atlantikküste bieten im Sommer 2020 Corona-Tests direkt am Strand an. Schnelltests gibt es aber erst im Oktober in der Apotheke, jedoch nicht für den Normalbürger, sondern nur für Personal in Krankenhäusern und Arztpraxen.

Der Sommerurlaub ist gerettet!

Die drei Küstenländer Niedersachsen, Schleswig-Holstein und Mecklenburg-Vorpommern legen für die Sommermonate fest: Am Strand gilt keine Maskenpflicht. Es gibt aber Urlauber, die freiwillig Maske tragen.

Wohin in den Sommerferien?

Markus Söder, der bayerische Ministerpräsident, hatte schon am 18. Mai 2020 gefordert, dass der Urlaub, der in Deutschland verbracht wird, finanziell gefördert werden müsse. Dazu kommt es nicht, aber angesichts einer weltweiten Reisewarnung der Bundesregierung verbringen viele Deutsche die Sommerferien zuhause. In einer Umfrage geben 51 Prozent der Befragten an, gar nicht in Urlaub zu fahren.

Coronatrend: Urlaub vor der eigenen Haustür

Am 1. Juli 2020 tritt das umstrittene Sicherheitsgesetz in Hongkong in Kraft, gegen das es monatelange Proteste gegeben hatte. Seither müsse man, warnt das Auswärtige Amt, besonders vorsichtig sein, was man in Hongkong sagt.

Brenzlige Situation beim Herren-Ausflug in Hongkong

Hessens Polizeipräsident Udo Münch bittet am 14. Juli 2020 um die Versetzung in den einstweiligen Ruhestand. Vorausgegangen waren neue rechtsextreme Todesdrohungen, die von einem Netzwerk hessischer Polizisten stammen sollen. Sie wurden seit 2018 anonym per E-Mail, SMS oder Fax verschickt.

Hat Hessen ein Problem mit dem Rechtsradikalismus?

Die Proteste nach dem Tod des Afroamerikaners George Floyd weiten sich auch auf die Kultur aus. Selbst Immanuel Kant und Hannah Arendt geraten unter Rassismusverdacht. Am 2. August 2020 kritisiert der grüne Ministerpräsident Winfried Kretschmann die „Sprachpolizei“ und sagt dazu: „Wir wissen seit der Französischen Revolution, wohin der Tugendterror führt – zu nichts Gutem.“ Am 20. August 2020 beschließt der Bezirk Mitte in Berlin, die dort gelegene „Mohrenstraße“ umzubenennen.

Aus dem Sprachpolizeibericht

Das Ifo-Institut veröffentlicht am 5. August 2020 eine Studie, aus der hervorgeht, dass die Jugendlichen in den Monaten, in denen ihre Schule geschlossen war und sie Zuhause lernen sollten, offenbar nicht immer bei der Sache waren. Die Zeit, in der sie gelernt haben, war anscheinend nur halb so lang wie gedacht.

Corona bringt alle an ihre Grenzen

Der russische Regimegegner Alexej Nawalnyj wird am 20. August 2020 Opfer eines Giftanschlags. In der sibirischen Stadt Omsk wird er im Krankenhaus in ein künstliches Koma versetzt. Die Ärzte sprechen von einer „Stoffwechselstörung“. Am 22. August wird Nawalnyj auf Drängen seiner Familie nach Deutschland ausgeflogen und in der Berliner Charité behandelt.

Gift? Welches Gift – Ein russisches Märchen

Nach dem Austritt Großbritanniens am 31. Januar 2020 aus der EU geht der Streit um Handelsfragen weiter. Besonders umstritten bleibt die Behandlung Nordirlands. Premierminister Boris Johnson überrascht die EU am 9. September 2020 mit einem Gesetzentwurf, der das Nordirland-Protokoll im Brexit-Abkommen aushebelt. Durch das Protokoll sollte die Grenze zwischen dem britischen Nordirland und dem EU-Mitglied Irland offen bleiben. Bei Staatshilfen und Zoll soll die EU nach den britischen Vorstellungen nun nicht mehr wie vereinbart mitreden dürfen. Die EU spricht von einem Bruch des Völkerrechts.

Setzt sich Boris Johnson mit seiner Brexit-Strategie durch?

Die EU verhandelt mit China über ein Investitionsabkommen. Am 14. September 2020 fordert EU-Ratspräsident Charles Michel, dass China eine unabhängige Beobachtermission zur Lage der Uiguren erlauben müsse, damit es zu dem Abkommen kommen könne.

Quo vadis, deutsch-chinesische Handelsbeziehungen?

Der belarussische Präsident Alexander Lukaschenka lässt sich Anfang August 2020 zum sechsten Mal zum Präsidenten von Belarus wählen. Danach kommt es zu wochenlangen Massenprotesten gegen Wahlfälschung. Lukaschenka bittet den russischen Präsidenten Wladimir Putin am 14. September 2020 bei einem Besuch in Sotschi um Hilfe. Die Proteste gehen weiter.

Putin und Lukaschenka bekräftigen ihre
Union auf Hühneraugenhöhe.

Nach mehreren Corona-Ausbrüchen in Fleischfabriken kündigt Bundesarbeitsminister Hubertus Heil (SPD) neue Vorschriften für die Branche an. Am 23. September 2020 geht die Bundespolizei in einer Großrazzia gegen illegale Beschäftigung in der Fleischindustrie an.

Endlich, neue Regeln in der Fleischindustrie

Der nach Deutschland ausgeflogene Regimegegner Alexej Nawalnyj wurde durch das Giftgas Nowitschok vergiftet. Das teilt die Bundesregierung am 2. September 2020 mit. Da es sich um einen Kampfstoff handelt, deutet alles darauf hin, dass er mit Unterstützung russischer Behörden getötet werden sollte. Die Bundesregierung verurteilt den Anschlag „auf das Schärfste". Bundeskanzlerin Angela Merkel besucht Nawalnyj am 28. September im Krankenhaus.

In den Kellern des Kreml

Die Bundesgesellschaft für Endlagerung gibt am 28. September 2020 ihre Empfehlungen für die weitere Auswahl eines Standorts zur Lagerung von Atommüll bekannt. Der umstrittene Salzstock Gorleben ist nicht dabei. Da die Suche nun schon rund 50 Jahre dauert, gibt es erhebliche Zweifel daran, dass wie vorgesehen bis 2031 ein Standort gefunden wird.

Deutschland im Jahr 2350: Es ist geschafft!

Am 3. Oktober 2020 feiert Deutschland die Aufnahme der ehemaligen DDR in die Bundesrepublik Deutschland vor dreißig Jahren.

Nach 30 Jahren: Wie vollendet ist die Einheit?

Immer mehr Gebiete rund um Deutschland werden im September und Oktober 2020 zu Risikogebieten erklärt. Viele Urlauber müssen deshalb nach ihrer Rückkehr in Quarantäne, aus der sie sich vorzeitig nur durch einen negativen Test „befreien“ können.

Ein Albtraum

Am 2. Oktober 2020 gibt der amerikanische Präsident Donald Trump per Twitter bekannt, dass er sich mit dem Coronavirus infiziert habe. Er wird in das Militärkrankenhaus Walter Reed nahe Washington eingeliefert. Schon am 5. Oktober verlässt er das Krankenhaus wieder und twittert: „Ich fühle mich besser als vor 20 Jahren.“

Bei den Coronas daheim

Weil viele Schlachtungen coronabedingt ausfallen und die Afrikanische Schweinepest grassiert, sieht der Präsident des Deutschen Bauernverbands, Joachim Rukwied, die Schweinehaltung in Deutschland am 14. Oktober 2020 in ihrer „größten Krise seit Jahrzehnten". Gleichzeitig fordern Tierschützer die Abschaffung sogenannter Kastenstände in der Schweinemast.

Quo vadis, Fleischindustrie?

Die Zahl der Corona-Neuinfizierten steigt im Oktober 2020 wieder stark an. Am 15. Oktober wird mit 6638 Fällen zum ersten Mal ein Wert gemessen, der noch höher liegt als die Spitze der ersten Welle.

Die Angst vor der zweiten Welle geht um

Der Vatikan lehnt den Reformprozess des Synodalen Wegs der Deutschen Bischofskonferenz ab. – Am 15. Oktober 2020 tritt eine neue nationale Teststrategie in Kraft. Dazu gehören Reihentests in Pflegeheimen sowie, für besonders gefährdete Personengruppen, sogenannte Schnelltests, die binnen weniger Minuten ein Ergebnis liefern.

Rom fordert Test der deutschen Katholiken

Der amerikanische Präsident Donald Trump muss um seine Wiederwahl fürchten. Um von seinem kritikwürdigen Corona-Krisenmanagement abzulenken, verspricht er im September 2020, dass es bis Oktober einen Impfstoff geben werde – rechtzeitig zur Wahl am 3. November 2020.

Amerika hat den Corona-Impfstoff - mit leichten Nebenwirkungen

Mit steigenden Infektionszahlen gehen im Oktober 2020 auch die Hamsterkäufe wieder los. Lidl, Aldi und Edeka melden am 16. Oktober, dass sich die ersten Regale wieder leeren – erneut ist die Nachfrage nach Toilettenpapier besonders groß.

Quo vadis, Pandemie?

Jenseits des Streits über Lockerungen oder Verschärfungen der Corona-Regeln ist die sogenannte AHA-Formel unbestritten. Sie steht für „Abstand, Hygiene, Alltagsmasken“. Im September kommen allerdings noch zwei Buchstaben hinzu: L für Lüften und C für die Corona-Warn-App.

Freundschaft zwischen Stadt und Land

Liebe Leser, bleiben Sie gesund! Wir werden uns auch darum bemühen, damit es im nächsten Jahr wieder eine Chronik gibt.

Frohe Weihnachten

Rainer Wohlfahrt

Achim Greser und *Heribert Lenz* lernten sich beim Grafikstudium an der Fachhochschule Würzburg kennen. Erste gemeinsame humorzeichnerische Experimente führten 1986 zur festen Mitarbeit beim Satiremagazin „Titanic“. Seit 1996 zeichnen sie regelmäßig für die Frankfurter Allgemeine Zeitung.

Jasper von Altenbockum, Redakteur der Frankfurter Allgemeinen Zeitung, ist verantwortlich für Innenpolitik.

Band 15

Achim Greser & Heribert Lenz

Deutschland Klimaneutral

Die Chronik des Jahres 2019

2019. 208 Seiten, vierfarbig. Hardcover.
20,00 € (D)
ISBN 978-3-96251-067-1

Im Buchhandel oder unter www.fazbuch.de erhältlich.

Frankfurter Allgemeine Buch

Band 13

Achim Greser & Heribert Lenz

Verlorenes Paradies Jamaika

Die Chronik eines Jahres XIII

2017. 208 Seiten, vierfarbig. Hardcover.
19,90 € (D)
ISBN 978-3-95601-220-4

Band 14

Achim Greser & Heribert Lenz

So schön, schön war die Zeit

Die Chronik des Jahres 2018

2018. 208 Seiten, vierfarbig. Hardcover.
20,00 € (D)
ISBN 978-3-96251-022-0

Im Buchhandel oder unter www.fazbuch.de erhältlich.

Frankfurter Allgemeine Buch